La Ruta del Líder

De la conversión al liderazgo

Mario Vega

Misión Cristiana Elim

CCS Publishing

www.joelcomiskeygroup.com

Copyright © Enero 2011

Publicado por CCS Publishing
Moreno Valley, CA
www.joelcomiskeygroup.com
1-888-344-2355

Publicado originalmente en San Salvador por Misión Cristiana Elim

Diseño: Sarah Comiskey

ISBN 978-1-935789-05-5

Tabla de Contenido

Prefacio por Joel Comiskey. 5

Introducción: Cómo usar la Ruta del Líder 7

Semana 1: ¿Y Ahora Qué?. 9

Semana 2: ¿Qué es la Biblia?. 13

Semana 3: La Biblia Hoy. 17

Semana 4: La autoridad de la Biblia. 21

Semana 5: La salvación. 25

Semana 6: El bautismo en agua. 29

Semana 7: Nuestro proyecto de vida. 33

Semana 8: Las tentaciones 37

Semana 9: El Espíritu Santo 41

Semana 10: El Bautismo en el Espíritu Santo. 45

Semana 11: La oración. 49

Semana 12: El plan financiero de Dios. 53

Semana 13: La iglesia del Nuevo Testamento. 57

Tabla de Contenido

Semana 14: Bases Bíblicas e históricas del modelo celular........61

Semana 15: ¿Qué es una célula y cómo se multiplica?..........65

Semana 16: Evangelismo y células........................69

Semana 17: Cinco pasos para hacer un invitado..............73

Semana 18: Cualidades de líderes y anfitriones...............77

Semana 19: Reuniones de planificación y de célula...........81

Semana 20: Las metas en el modelo celular.................85

Semana 21: Preparándose para una reunión exitosa.........89

Semana 22: Conservando los frutos de la célula............93

Semana 23: La movilización celular......................97

Semana 24: Organización y supervisión.................101

Semana 25: Cómo obtener nuevos líderes................105

Semana 26: Las metas en el modelo celular.............109

Prefacio
por Joel Comiskey

Mario y yo somos buenos amigos. Mi primer encuentro con él fue en Quito, Ecuador en 1998, cuando Mario ofreció un seminario celular para toda la ciudad en nuestra iglesia celular. Desde entonces, hemos enseñado juntos en docenas de seminarios. Mientras más he llegado a conocer a Mario a través de los años, más me doy cuenta que él está más interesado en promover los principios de la iglesia celular que en promover dogmáticamente el modelo de su propia iglesia como el único y verdadero sistema celular.

Mario Vega y la Iglesia Elim han aprendido una clave principal: Entienden que las iglesias no levantan la gran cosecha solo por tener grupos pequeños; levantan la cosecha porque tienen obreros que la cosechan. Las iglesias que no tienen un plan para desarrollar y discipular obreros terminan por perder la cosecha.

Cuando Jesús miró a todos aquellos perdidos a su alrededor sintió compasión porque "... estaban desamparados y dispersos como ovejas que no tienen pastor" (Mt 9:36). Esa compasión movió a Jesús a decir a sus seguidores "... Rogad, pues, al Señor de la mies, que envíe obreros a su mies." (Mt 9:36-38).

Hoy estamos viendo la mayor cosecha de almas en la historia Cristiana. Esta es una buena noticia. La mala noticia es que aun hay mucha mies sin cosechar y frecuentemente se echa a perder debido a la falta de buenos líderes. Elim, sin embargo, ha aprendido cómo convertir miembros en líderes de células que saben cosechar la mies.

Dios utilizó a Mario Vega en los primeros tiempos de Elim para establecer su doctrina en categorías claras y concisas, y eventualmente escribir un manual con cuarenta y dos doctrinas claves que Elim ha seguido hasta el día de hoy. Mario entonces desarrolló este manual de entrenamiento que ahora está en sus manos. Con este manual, Elim ha continuado entrenando a miles de líderes para recoger la cosecha mediante los grupos celulares. Le pido a Dios que utilice este manual para mostrar a su corazón cómo entrenar líderes y que, mediante este manual, cuya eficacia ha sido comprobado a través del tiempo, Dios le dé ideas prácticas de cómo, quizás, será su curso de entrenamiento.

Joel Comiskey
Autor, conferencista, y fundador de Joel Comiskey Group

Introducción:
Cómo usar la Ruta del Líder

L a Ruta del Líder tiene por objeto conducir a toda persona desde su conversión hasta el liderazgo. La Ruta del Líder traslada la responsabilidad de aportar candidatos de los líderes a los pastores. Anteriormente los cursos de capacitación se nutrían de aquellos candidatos que los líderes recomendaban. Hoy toda persona que se convierte es un candidato y es el pastor el responsable porque esa persona siga la Ruta del Líder.

Las personas que se reconcilian también deben enrolarse en la Ruta del Líder.

La visitas programadas continuarán realizándose y evaluándose. Su propósito hoy es solamente el de establecer relaciones de amistad entre el nuevo converso y los miembros de la célula. La visitas programadas continuarán siendo realizadas una cada semana hasta completar las cuatro. Independientemente que el nuevo converso esté ya enrolado en la Ruta del Líder.

Las enseñanzas de la Ruta del Líder pueden impartirse los días domingos. Pueden impartirse en el local de la iglesia o en hogares cercanos al domicilio de los nuevos cristianos.

Todo nuevo cristiano debe comenzar la Ruta del Líder la semana siguiente a su conversión. Cada semana se debe formar un nuevo grupo con las personas que hayan recibido al Señor o se hallan reconciliado.

Se recomienda que sea el pastor quien imparta la Ruta del Líder; pero, en determinado momento el pastor ya no podrá impartir todos los niveles. Debe, entonces, apoyarse en los supervisores quienes deberán haber recibido el debido entrenamiento.

La Ruta del Líder tiene una duración de seis meses. El tiempo justo que se necesita para cumplir el requisito de tiempo para ser un líder de célula. Consecuentemente, no se deben impartir varios temas en un mismo día o en una misma semana. Es un tema por semana, hasta completar los seis meses de capacitación.

Después de haberse impartido el tema del bautismo en el Espíritu Santo, se deben programar diversas actividades de oración para estimular a las personas a recibir la llenura. Éstas actividades pueden ser oraciones en las casas, retiros, ayunos, vigilias, cultos especiales, etc.

¿Y Ahora Qué?

Introducción

• Comience dando la bienvenida a los nuevos conversos. Dé su nombre y dígales que está para servirles en todo lo que esté a su alcance.

• Explíqueles que éste es un curso que les ayudará a crecer dentro de su nueva fe. Anímeles a no faltar y a ser parte de esta importante reunión semanal.

• Ahora que ya se entregaron a Cristo ¿qué se debe hacer? ¿cuál es el siguiente paso?

Enseñanza

1. Cuando una persona entrega su vida al Señor Jesús pasa a formar parte de la familia de Dios. Como miembros de esta nueva familia es importante saber que ahora se tiene comunicación directa con un Dios vivo que nos escucha. Por esa razón debemos apartar un poco de tiempo cada día para dedicarlo a la oración. Orar es platicar con Dios. No es repetir las mismas frases sino hablar con él como lo hacemos con alguien con quien tenemos confianza.

La oración debe ser una práctica que debemos cultivar cada día. Debemos orar con toda sinceridad. No por obligación ni por tradición sino porque tenemos una verdadera necesidad de hablar con nuestro Padre. Puede comenzar a orar unos minutos cada día y pronto comenzará a ver las respuestas a sus oraciones.

---

2. Dios nos habla, sobre todo, a través de la Biblia. Leer la Biblia es otro de los hábitos que debe tener todo cristiano. Es importante comenzar a leer la Biblia despacio. Esperando que Dios nos hable a través de ella. Si encontramos algo que no entendemos debemos preguntar a un Pastor o a una persona que tiene ya madurez en la vida cristiana.

La Biblia contiene palabras que nos alimentarán, que nos consolarán y que nos darán fuerzas en momentos de necesidad.

No lo olvidemos, cada vez que necesitemos escuchar la voz de Dios leamos la Biblia. Ella es la Palabra de Dios.

---

3. Otra cosa importante que debe hacer cada cristiano es comenzar a asistir a la iglesia. Es verdad que Dios se encuentra en todo lugar; pero, también es verdad que él ha dicho que debemos reunirnos juntos para adorarle y recibir su Palabra expuesta por un ministro del evangelio. Los cristianos no deben vivir de manera aislada. Deben ser parte de una iglesia. Todo cristiano debe reconocer a su Pastor y ese Pastor debe reconocerle como su oveja.

Dentro de una iglesia podemos conocer a otras personas que comparten la misma fe, los mismos valores y las mismas metas. No hay mejor lugar para sentirse en familia que dentro de una iglesia cristiana. Las personas se ayudan unos a otros y muchos encuentran en la iglesia a la familia que nunca tuvieron.

Aplicación

• Anime a cada persona a que diga su nombre y trate de comenzar a llamar a cada quien por su nombre.

• Termine con una oración y luego aníméles a conocer más estrechamente a sus nuevos hermanos en Cristo.

¿Qué es la Biblia?

Introducción

• Pregunte a los presentes qué es la Biblia para ellos.

• Al escuchar ideas disparatadas no les ridiculice, escúcheles con atención y dígales al final: 'Interesante su punto de vista'. Pronto tendrá oportunidad de iluminarles con la luz de la verdad.

Enseñanza

1. La Biblia es una colección de pequeños libros que se han ordenado bajo distintos criterios para formar un solo volumen. La Biblia se divide en dos grandes partes: el Antiguo Testamento y el Nuevo Testamento. El Antiguo Testamento presenta hechos que sucedieron antes de la venida de Jesús a la tierra y el Nuevo Testamento presenta la vida, muerte y resurrección de Jesús y las cosas que sucedieron con sus seguidores después de su ascensión a los cielos.

Muestre a los presentes donde la Biblia separa al Antiguo Testamento del Nuevo Testamento. Anímeles a que busquen en sus propias Biblias la ubicación de ambos testamentos.

Tanto el Antiguo como el Nuevo testamento contienen libros de distintos tipos. Hay libros de historia, de poesía, hay cartas y hay libros escritos por profetas. Cada uno se ubica en un lugar y momento histórico que puede ser diferente al de otro libro de la misma Biblia.

La Biblia fue escrita por varias personas. No se sabe exactamente cuántos fueron los redactores de la Biblia; pero sí se sabe, en la mayor parte de casos, la fecha aproximada y el lugar donde fueron escritos esos libros.

2. La Biblia es un libro bastante extenso. Por esa razón, cuando no se está familiarizado con él, puede resultar difícil encontrar un pasaje. Cuando se cita algún pasaje de la Biblia en primer lugar se menciona el libro en el cual se encuentra. Con el tiempo las personas llegan a saber si ese libro está ubicado en el Antiguo o en el Nuevo Testamento. Cada libro está dividido en capítulos. Dependiendo de la extensión del libro así es la cantidad de capítulos que un libro posee. Luego, cada capítulo está dividido en versículos. De esta manera se puede localizar con facilidad cualquier pasaje de la Biblia.

---

3. Hagamos un intento. Vamos a buscar el pasaje de 2 Timoteo 3:16-17. Con el tiempo usted sabrá que Timoteo es una carta que se ubica en el Nuevo Testamento. Pero, sucede que hay dos cartas que se llaman Timoteo. Por eso, segunda de Timoteo se refiere a que debemos buscar en la segunda carta que lleva ese nombre. Una vez encontrada la segunda carta a Timoteo debemos buscar en ella el capítulo 3. Finalmente, dentro del capítulo tres buscamos los versículos 16 y 17, los cuales, en éste capítulo se encuentran al final. Ahora leámoslos.

> *Permita que los presentes sigan cada uno de los pasos que se han mencionado hasta encontrar el pasaje citado.*

4. Como puede leerse en éstos versículos, se nos dice que toda la Escritura es inspirada por Dios. 'Escritura' es otro nombre que se usa para referirse a la Biblia. Entonces, toda la Biblia es inspirada por Dios. Esto significa que la Biblia dice lo que Dios ha querido decir. Ella es la Palabra de Dios y, consecuentemente, es útil para enseñar, para convencer, para corregir y para instruir. Por ese motivo, todo cristiano debe dedicar tiempo cada día para leer detenidamente el mensaje de Dios para nosotros.

Aplicación

• Anime a los presentes a adquirir su propia Biblia, a explorarla y conocerla.

• Finalice con una oración en la que los presentes adquieran el compromiso de leer cada día sus Biblias y llevar a la práctica lo que vayan conociendo.

La Biblia Hoy

Introducción

• Pregunte a los presentes si creen que la Biblia dice todavía lo que sus autores escribieron hace ya varios siglos.

• Nuevamente, escuche con respeto y sin contradecir.

Enseñanza
---

1. La Biblia comenzó a ser escrita hace unos 3,600 años y se completó hace unos 2,000 años. En realidad la Biblia es el libro completo más antiguo que conserva la humanidad. La Biblia se escribió en idiomas diferentes al nuestro. El Antiguo Testamento fue escrito casi todo en Hebreo con algunos pasajes del profeta Daniel en Arameo.

El Nuevo Testamento fue escrito en Griego, con unas pocas frases y palabras en Arameo. Para poder entender lo que escribieron los redactores de los libros de la Biblia sería necesario conocer los idiomas en que ellos escribieron. Estos idiomas son muy diferentes al nuestro y no son fáciles de aprender. Por eso necesitamos de las traducciones.

---

2. Los escritores de los libros de la Biblia escribieron sobre materiales hechos de plantas machacadas. A estos materiales se les daba el nombre de papiros y son los antecesores del papel. Cada escritor escribió con su mano sobre los papiros. Por eso también se les llama a estos documentos 'manuscritos' porque fueron escritos a mano. Luego, hubo personas que hicieron copias de esos originales. Cada copia fue hecha también a mano y por ello se les llama también manuscritos.

Los manuscritos se encuentran en varios museos y universidades alrededor del mundo y pueden ser estudiados por los expertos que así lo deseen. Por ser documentos muy antiguos se guardan cuidadosamente y en condiciones de calor y humedad que aseguren su preservación.

3. **En la medida que las** ciencias arqueológicas han ido avanzando, se han ido encontrando manuscritos cada vez más antiguos, más completos y más confiables. Es decir, mientras más tiempo pasa tenemos más manuscritos para saber qué fue lo que los autores originales escribieron. En la actualidad se cuenta con miles de documentos que nos permiten reconstruir de manera muy segura lo que fueron los textos originales. Las traducciones más recientes son más fieles a los originales que lo que lo fueron las traducciones que se hicieron hace décadas o hace siglos. De manera que no es verdad que las traducciones antiguas o viejas eran las mejores. Es al contrario, mientras más reciente es una traducción mayor seguridad podemos tener que se acerca mucho más a lo que escribieron los autores originales.

4. **Al comparar lo que dicen** las traducciones y las Biblias que usamos hoy con los manuscritos más antiguos, se descubre que las Escrituras han sido milagrosamente preservadas. No existen diferencias que alteren sus enseñanzas. Por ello, podemos tener la seguridad que al utilizar la Biblia, tal como la conocemos hoy en nuestro idioma, estamos leyendo en verdad la Palabra de Dios.

Aplicación

• Invite a los presentes a orar por las personas que continúan descubriendo manuscritos antiguos y por las que se dedican a traducir las Escrituras al idioma que podemos entender.

• Anime a los presentes a valorar el milagro que es la Biblia, a apreciarlo, a amarlo y a obedecerlo.

La autoridad de la Biblia

Introducción

• Pregunte a los presentes cuánta importancia tiene para ellos la Biblia.

• Pregúnteles si la Biblia tiene un mensaje para nosotros después de tanto tiempo de haber sido escrita.

Enseñanza

1. La Biblia ha sido reconocida durante siglos como la Palabra de Dios. Como tal, lo que ella dice se considera como la verdad. Hasta el día de hoy nada de lo que el conocimiento humano ha logrado alcanzar ha podido demostrar alguna afirmación errónea en la Biblia. Para los cristianos lo más importante son las Escrituras. Los cristianos no siguen las enseñanzas de los predicadores a menos que ellos estén enseñando claramente lo que la Biblia dice. La posición de una iglesia o denominación tampoco es lo decisivo. Lo que está escrito en la Biblia es lo que cuenta. De igual manera, los libros cristianos que se publican solamente son aceptados por los cristianos cuando tienen un amplio fundamento en la Palabra de Dios.

---

2. El Señor Jesús utilizó las Escrituras como lo decisivo en muchas ocasiones. Cuando se enfrentó a las tentaciones de Satanás, Jesús acudió a la Biblia como la fuente de autoridad para distinguir lo bueno de lo malo.

> *Invite a los presentes a buscar en sus Biblias el pasaje de Mateo 4:3-10. Haga notar a los presentes la importancia de las palabras 'escrito está' como el elemento autoritario usado por Jesús.*

3. Los Apóstoles también utilizaron la Biblia como la fuente que demostraba que lo que decían estaba de acuerdo a la voluntad de Dios.

Ahora invite a los presentes a considerar estos versículos de la carta de Pablo a los Romanos 3:4 y 10; 8:36; 9:33; 11:26; 14:11. Llame la atención a cómo Pablo repite la frase 'como está escrito' al ir citando el Antiguo Testamento y demostrando a lo largo de su carta que su argumento es verdadero. Era verdadero solamente porque las Escrituras lo apoyaban.

4. La Biblia misma afirma que la verdad de Dios es la que se ha expresado en las Escrituras. El libro de Apocalipsis afirma que no se debe añadir ni quitar nada a lo que Dios ha revelado, bajo pena del castigo divino.

Invíteles a leer Apocalipsis 22:18 y 19.

Tenemos en la Biblia un libro que dice la verdad. Es la Palabra de Dios y podemos recurrir a ella en cualquier momento de nuestra vida para encontrar respuesta a nuestras necesidades.

Aplicación

• Anime a los presentes a orar dando gracias por tener un libro que sabemos es la Palabra verdadera de Dios.

• Pida a los presentes que expliquen como planean leer la Biblia cada día de su vida.

La salvación

Introducción

• Pregunte a los presentes cómo se puede alcanzar la salvación.

• Escuche sin aprobar o reprobar nada. Los comentarios de las personas pueden servirle para ilustrar la enseñanza de hoy

Enseñanza

1. Para referirse al tema de la salvación la Biblia algunas veces utiliza la palabra justificación.

> *Invíteles a leer Romanos 3:21-26. Anímeles a leer de nuevo el pasaje pero esta vez usando la palabra 'salvación' en lugar de 'justicia' y 'salvados' en lugar de 'justificados'.*

El pasaje nos dice que la justicia (salvación) es algo aparte de la ley (v. 21). Esto significa que la salvación no se obtiene por las buenas obras, como comúnmente las personas creen. Nadie se salvará por hacer buenas obras.

---

2. La salvación se recibe por medio de la fe (v. 22). Por eso es tan importante creer porque por medio del creer viene la salvación. Pero, ¿en qué hay que creer? Se debe creer precisamente en que el sacrificio de Jesús es suficiente para otorgarnos la salvación. Es un acto de confianza en Dios el creer que él no miente y que podemos estar confiados en su amor.

Es la fe de un niño que decide confiar que lo que le dice su padre es verdad. Nosotros también confiamos en que Dios nos dice la verdad cuando afirma que en Jesús tenemos el perdón de los pecados y la vida eterna.

---

3. La salvación se recibe de manera gratuita (v. 24). Esto es así no porque la salvación no tenga ningún valor. Por el contrario, la salvación es tan carísima que nadie podría pagarla de ninguna manera. Ni con dinero, ni con buena obras, ni con penitencias, ni con castigos. Por eso, en su amor, Dios nos la entrega sin pedir nada a cambio. Solamente por creer en su Hijo.

La salvación es gratuita para nosotros porque el Hijo de Dios ya pagó su precio. Al dar su vida en la cruz, pagó la deuda de nuestro pecado. Ahora, somos perdonados si creemos en el sentido de ese sacrificio. Él lo hizo por amor a nosotros, por salvarnos, por pagar nuestras culpas y para ofrecernos gratuitamente su salvación.

Aplicación

Siendo la salvación un regalo de Dios, podemos tener completa seguridad que la salvación es un don seguro. El tema de nuestra salvación ya no está más en juego. Para quien cree y recibe la salvación que se ofrece en el Hijo de Dios el asunto de su salvación está ya resuelto. Se resolvió hace dos mil años cuando Jesús murió en la cruz. Su resurrección es la prueba que nosotros también resucitaremos y viviremos para siempre.

El bautismo en agua

Introducción

El bautismo en agua es un paso de obediencia
a la Palabra de Dios.

*Lean Hechos 8:12 y comenten sobre cómo el
bautismo era el paso que seguía a la conversión.*

La norma que encontramos en la Biblia es que los creyentes se bautizaban tan pronto como fuera posible. El bautismo es una ceremonia cuyo principal valor se encuentra en entender su significado. El ser sumergido en agua sin tener conciencia del significado del bautismo no tiene ningún valor. Por eso es que en el Nuevo Testamento no encontramos bautismos de niños; solamente de hombres y mujeres adultos como en el pasaje leído. Pero, ¿cuál es el significado del bautismo?

Enseñanza

1. El bautismo significa la muerte al pecado.

> *Lean Romanos 6:2-3. Comenten cómo el bautismo está muy relacionado con la idea de la muerte al pecado.*

Cuando una persona desciende a las aguas del bautismo está demostrando que su vida de pecado ha terminado y que se dispone a vivir para Dios. Por eso es que el bautismo tiene valor solamente cuando las personas en realidad han muerto al pecado. Aquellas parejas que viven juntos sin estar casados se encuentran en el pecado de fornicación y, por ello, deben casarse antes de poder bautizarse.

2. El bautismo significa sepultura de la vida vieja de pecado.

> *Lean Romanos 6:4. Comenten cómo el bautismo también contiene la idea de la sepultura al pecado.*

Cuando una persona ha descendido a las aguas, el ministro oficiante le sumerge totalmente en el agua. De esa forma, se representa de manera simbólica la sepultura de la vida vieja de pecado. Es una decisión de llevar una vida diferente. Por eso es que el bautismo debe realizarse por inmersión, porque solamente por inmersión se cumple la figura de ser sepultados con Cristo.

---

3. Finalmente, el bautismo significa la resurrección a una vida nueva.

> *Lean Romanos 6:5. Comenten este pasaje y lo que dice sobre el tema de la resurrección.*

Después que la persona ha sido sumergida en agua, el ministro oficiante levanta de nuevo a la persona. Si el estar bajo el agua significaba la sepultura, el salir del agua significa la resurrección. El cristiano resucita a una vida nueva. Que es la vida cristiana. Su vida vieja queda sepultada y ahora puede vivir para agradar a Dios en todos los aspectos de su vida.

Aplicación

El bautismo es una ceremonia que debe ser realizada por toda persona que cree en Cristo tan pronto como sea posible.

- Explique a las personas dónde y cómo se realizan los bautismos en su zona.
- Anuncie la próxima fecha de bautismos y anime a los presentes a bautizarse.
- Aquellos que tengan situaciones legales que arreglar para ser bautizados remítales a la asesoría legal de la iglesia para que puedan casarse lo más pronto posible.

Nuestro proyecto de vida

Introducción

• Pida a dos o tres personas que expliquen lo que esperan alcanzar en sus vidas dentro de cinco años.

• Pregunte a esas personas cómo les gustaría ser recordados cuando sus vidas hayan terminado.

Enseñanza

1. Solamente tenemos una vida. La vida está hecha de tiempo y el tiempo pasa rápidamente. Cada día que transcurre es un día menos de vida que tenemos. Muchas personas no caen en la cuenta que sus vidas están pasando a cada minuto. Teniendo todos una vida limitada, ¿no vale la pena planificar bien lo que deseamos alcanzar en ella? El plan que hacemos para nuestra vida es lo que se llama un "Proyecto de vida".

Es un proyecto porque no tenemos el control de todas las cosas. Dios puede hacer que nuestra vida cambie dramáticamente y nuestros planes se echen a perder. Sin embargo, esa realidad no debe ser una excusa para no tener un proyecto de vida. La peor manera de vivir es hacerlo a la ventura. Sin una meta es muy probable que no lleguemos a ninguna parte. O que lleguemos a donde no queríamos.

---

2. Al tener a Jesús como Señor él llega a convertirse en el elemento esencial de nuestras vidas. Todo proyecto de vida debe ser construido alrededor del Hijo de Dios. Debemos preguntarnos ¿qué deseo alcanzar en mi vida? ¿cuál es mi meta a alcanzar con mi familia? ¿qué será aquello a lo que dedicaré mis fuerzas y habilidades?

Cada paso que damos en la vida debe estar orientado por el gran propósito de ser instrumentos de Dios. Todas las personas tienen distintos dones y Dios les ha dado cualidades únicas. Por ello, cada persona es diferente.

> • *Lean juntos Romanos 12:6 y 7. Comenten las distintas ocupaciones que se mencionan en ese pasaje.*
>
> • *Pregunte si alguien siente inclinación por alguna de las ocupaciones allí mencionadas.*

---

3. Todo proyecto de vida se topará con muchas dificultades en el camino. Por ello, no debemos dejarnos vencer por los obstáculos. Todo lo que vale la pena siempre tiene un precio. Piense que las cosas buenas no se alcanzan por casualidad o por un golpe de suerte. Todo es el resultado del esfuerzo de cada día.

Aplicación

• Anime a las personas a buscar a Dios en oración y en lectura de su Palabra para encontrar su voluntad en la vida de cada uno.

• Anímeles a definir una meta en sus vidas que honre a Dios y que sea de beneficio para las demás personas.

Las tentaciones

Introducción

• Pida a los presentes que expliquen qué es la tentación. ¿Qué siente una persona cuando es tentada?

• Ahora pregúnteles de dónde viene la tentación. Escuche las opiniones con atención tomando elementos que podrá usar más adelante en el tema de hoy.

Enseñanza

1. **Todo cristiano se sentirá** más de alguna vez inclinado a hacer lo malo. Ese deseo de hacer lo malo es lo que se llama tentación. La tentación nunca proviene de Dios.

> *Lean juntos el pasaje de Santiago 1:13. Comenten el pasaje.*

La tentación puede originarse en nuestra propia naturaleza humana, que está inclinada a hacer lo malo, en las presiones del mundo o en Satanás.

> *Lean Santiago 1:14; Santiago 4:4 y Santiago 4:7*

---

2. **¿Cómo podemos vencer** la tentación? Por medio de cultivar una comunión permanente con Dios. Esa comunión viene por medio de la oración y la lectura de su Palabra. La asistencia a la iglesia es muy importante también. El compartir con otros cristianos nuestras luchas y nuestras victorias es algo que nos ayuda a salir adelante juntos.

El pecado siempre trae sus consecuencias. Siempre que cedamos a la tentación debemos saber que cosecharemos lo que hayamos sembrado. No vale la pena ceder ante la tentación. Aunque ella ofrezca satisfacción momentánea, luego se convertirá en dolor y tristeza. La verdadera felicidad se encuentra en vencer la tentación.

Lean Santiago 1:12. Coméntenlo.

3. ¿Qué puede hacer una persona que ya cedió a la tentación? Esa persona debe ver a su alrededor y darse cuenta de todo el dolor que el pecado provoca. Cuando pecamos no sólo nos lastimamos a nosotros mismos sino que muchas veces lastimamos a otras personas a quienes amamos.

Una vez se ha reconocido el fruto del pecado, la persona experimentará dolor por haber hecho lo malo. Entonces debe arrepentirse y buscar a Dios en oración para pedir perdón con sinceridad. Arrepentirse significa que la persona se apartará del mal que ha hecho y que tomará todas las medidas que sean necesarias para no incurrir en la misma falta. Eso muchas veces implica romper con ciertas amistades, deshacerse de números de teléfono, cambiar de ruta al ir a casa, etc.

Cuando se ha confesado el pecado con sinceridad el cristiano debe creer las promesas de Dios que nos garantizan que seremos perdonados. Con esa confianza la persona puede continuar sabiendo que Dios le ha limpiado y que tiene frente a sí un nuevo principio.

Aplicación

• Hagan una oración pidiendo fuerzas para vencer la tentación y para que reciban verdadero arrepentimiento aquellos que han fallado.

El Espíritu Santo

Introducción

• Pida a dos o tres personas que mencionen quién es su mejor amigo.

• Pregúnteles por qué esa persona y no otra se ganó su amistad.

Enseñanza

1. Cuando el Señor Jesús debía partir dejando a sus discípulos, les expresó que ellos no se quedarían solos. Les dio la promesa de enviar el Espíritu Santo.

> *Busquen Juan 14:16. Comenten el versículo.*

Cuando Jesús se refirió al Espíritu Santo lo llamó 'Consolador'. Esta palabra resume mucho de lo que la Biblia dice sobre el trabajo del Espíritu Santo en los cristianos. El Espíritu es un ayudador de los cristianos, los consuela, los anima, los exhorta, los bautiza, los guía, los ilumina y les da fuerzas para seguir adelante.

___

2. El Espíritu Santo es una persona al igual que el Padre y el Hijo. A pesar que casi no tenemos ninguna idea de cómo fue Jesús o cómo es el Padre, tendemos más fácilmente a olvidar que el Espíritu Santo es una persona inclinándonos a verlo más como una fuerza o potencia impersonal. Pero, la verdad es que el Espíritu Santo es una persona a la cual le podemos hablar, contarle cómo nos sentimos, pedirle su ayuda, etc.

> *Lean Juan 14:17. Nótese cómo en el pasaje se dice que el Espíritu no se puede ver y solamente se llega a conocer cuando mora en el creyente.*

Jesús prometió que el Espíritu Santo estaría con nosotros. Es una promesa que él ha cumplido. Usando de esa promesa podemos esperar siempre que el Espíritu nos hable y nos escuche. Podemos expresarle con toda confianza nuestros problemas y preocupaciones.

---

3. El Espíritu Santo es llamado 'otro Consolador' porque vino para ayudarnos de la misma manera que Jesús lo hizo. Es tan similar la presencia de Cristo a la del Espíritu que tener el Espíritu Santo es casi igual a tener al Hijo de Dios.

> *Lean Juan 14:18. Hablando de la venida del Espíritu Santo, Jesús dijo 'vendré a vosotros'. Habló de una manera tal que se refería al Espíritu Santo como si fuera él mismo. Esto no significa que Jesús sea el Espíritu Santo pero sí significa que ambos comparten la naturaleza divina.*

Quien tiene el Espíritu Santo es como si tuviera a su lado al mismo Señor Jesús. ¿De qué manera actuaríamos al saber que Jesús está de nuevo con nosotros? Pues tal cosa no es una imaginación. El Espíritu Santo está con nosotros y él es un Consolador al igual que el Señor Jesús. Debemos desarrollar con el Espíritu una relación de dependencia y de intimidad. Podemos contarle todo lo que sentimos y gozar su amor y gracia.

Aplicación

• Ore para pedir que cada uno pueda ser sensible a la presencia real del Espíritu Santo.

• Deje un tiempo adecuado para que el Espíritu se manifieste y toque a cada uno de los presentes.

El Bautismo en el Espíritu Santo

Introducción

• Comente con los presentes sobre los temores que han sentido al intentar compartir el evangelio con sus familiares y amigos.

• ¿Cuál es el más grande deseo que experimentan al momento de necesitar persuadir a alguien de la necesidad de creer en Jesús como Salvador?

Enseñanza

1. Cuando Jesús resucitó de entre los muertos entregó a sus discípulos el gran encargo de ir por el mundo y predicar el evangelio a toda criatura. Ese encargo todavía sigue vigente y los creyentes de todos los tiempos deben hacer su parte en esta tarea. Jesús indicó a su iglesia que no debían ir a predicar sin antes recibir el bautismo en el Espíritu Santo.

> *Lean Hechos 1:8. Coméntenlo.*

El bautismo del Espíritu Santo es el poder que ha sido prometido para anunciar las buena nuevas de salvación. Los incrédulos no se convencerán de la gran salvación que tenemos en Jesús sino solamente por el poder del Espíritu Santo. Por ello, para anunciar las buenas nuevas los cristianos necesitan ser bautizados con el Espíritu Santo.

---

2. Al bautismo en el Espíritu Santo también se le llama la llenura del Espíritu. Éste se manifiesta externamente por el hablar en otras lenguas. Éstas lenguas no han sido aprendidas humanamente, tampoco consisten en repetir lo que se ha escuchado. Es un milagro que ocurre cada vez que un cristiano es lleno del Espíritu.

Lean Hechos 2:4. Comenten sobre la señal que mostró que el Espíritu había venido sobre la iglesia.

¿Cómo podemos saber hoy que una persona ha recibido el bautismo en el Espíritu Santo?

---

3. El bautismo en el Espíritu es una obra milagrosa de Dios. Se recibe por medio de la fe. No se recibe a cambio de lo que podamos hacer. En realidad, no hay nada que podamos hacer para merecer el bautismo del Espíritu. Lo recibimos por su misericordia.

El bautismo en el Espíritu tiene como señal externa el hablar en otras lenguas. Las lenguas se reciben cuando las personas se compenetran en un acto de adoración a Dios. Las lenguas fluyen libremente, la persona pronuncia las nuevas palabras que el Espíritu Santo pone en su corazón.

Aplicación

• Terminen con una oración fervorosa para que el Señor bautice con su Espíritu a los presentes.

• Anímeles a asistir a toda actividad donde se orará por el bautismo del Espíritu. Reuniones especiales, ayunos, vigilias, retiros.

• Anime a los nuevos creyentes a no desmayar y a no perder la fe. Más temprano que tarde el Señor dará esta promesa a los que ha llamado. Hechos 2:39

La oración

Introducción

• Anime a los presentes a compartir cuál es su manera de hacer oración.

• Pregúnteles si existe alguna diferencia entre orar y rezar.

Enseñanza

1. La oración es la manera en que el cristiano puede hablar con Dios. La oración no debe ser hecha como un acto rutinario o una costumbre religiosa. Debe brotar espontáneamente de un corazón sincero. Es fundamental evitar el exhibicionismo cuando se ora.

> *Lean Mateo 6:5. Comenten el pasaje y sus principales enseñanzas.*

La oración debe ser una práctica sincera. Es una práctica personal. El cristiano debe orar en privado.

> *Lean Mateo 6:6. Comenten la enseñanza de éste versículo.*

Lo que el Señor Jesús enseñó es que no debemos ser exhibicionistas sino hacer nuestras oraciones con sencillez. Esto no quita la necesidad de orar con otros cristianos o el asistir a vigilias y ayunos de oración, ya que en esos casos no se está haciendo una exhibición sino realizando oraciones unidas que también se mencionan en las Escrituras.

---

2. Lo más importante de la oración no es cuánto se ora sino la sinceridad del corazón con que se hacen esas oraciones.

> *Lean Mateo 6:7*

---

3. Jesús enseñó una oración modelo que se llama el Padre Nuestro.

> *Lean Mateo 6:9-13*

En esta oración Jesús enseñó a sus discípulos a orar tanto por los intereses de Dios como por las necesidades humanas. Lo importante no es repetir una y otra vez el Padre Nuestro. Lo importante es seguir ese modelo que Jesús enseñó. No tiene nada de malo que un cristiano ore alguna vez el Padre Nuestro tal como el Señor lo dijo. Pero, es importante que sigamos ese modelo cada vez que oramos.

Aplicación

• Si el Padre Nuestro es un modelo para la oración solamente podremos utilizar ese modelo cuando lo conozcamos. Por eso es importante saberlo. Una práctica muy buena es el aprender el Padre Nuestro de memoria.

• Anime a los presentes a aprender el Padre Nuestro de memoria y utilizarlo como un modelo a seguir en sus oraciones personales.

El plan financiero de Dios

Introducción

• Pregunte a los presentes si les parece que el tema del dinero es algo que está relacionado con Dios y la Biblia.

• Pregunte a los presentes si creen que Dios puede tener una propuesta sobre cómo suplir a todo lo que ellos necesitan económicamente.

Enseñanza

1. El tema del dinero se menciona en la Biblia más de lo que normalmente imaginamos. Es un tema más espiritual de lo que se supone. Dios ha prometido suplir a todas nuestras necesidades. Él ha elaborado un plan financiero al que nos invita a participar con la promesa que nuestras necesidades básicas serán satisfechas. Dentro de este plan lo que Dios nos pide son las siguientes tres cosas:

Nuestros diezmos. El diezmo es el 10% de nuestros ingresos.

Lean Malaquías 3:10.

Cuando somos fieles en darle a Dios nuestros diezmos él promete que tendremos nuestro salario asegurado. No es verdad que Dios prometa hacernos ricos pero sí promete que no nos faltará lo necesario.

---

2. Dios pide de nosotros ofrendas. Las ofrendas se entregan en señal de agradecimiento a Dios por sus múltiples bendiciones. No existe una cantidad fija para dar de ofrenda. Se da de acuerdo a la generosidad de cada persona.

> *Lean Mateo 19:27-29.*

La promesa de Dios para quien ofrenda es devolverle multiplicado lo que entrega. Obviamente, no se debe dar por el interés de recibir más sino por amor a la obra de Dios.

---

3. Dios pide de nosotros limosnas. Las limosnas es el dinero que damos a las personas pobres. El cristiano debe compartir lo que tiene y ayudar a los necesitados a su alrededor. Se debe dar con sabiduría a las personas adecuadas y en la manera adecuada.

> *Lean Proverbios 19:17*

Dios promete que el auxilio que damos a los necesitados es un préstamo que le hacemos a él. En el momento oportuno el Señor nos devolverá lo que le hayamos prestado.

Aplicación

Si tomamos parte en el plan financiero de Dios dando nuestros diezmos, ofrendas y limosnas; él será fiel en suplir a todas nuestras necesidades. En la medida que la situación económica se vuelve más difícil con mayor razón debemos mostrar fidelidad hacia Dios.

• Invite a los presentes a hacer una reflexión sobre la manera cómo ha estado manejando su dinero y el lugar que Dios tiene en su presupuesto.

• Hagan una oración para aquellos que desean adquirir el compromiso de sumarse al plan financiero de Dios.

La iglesia del Nuevo Testamento

Introducción

• Anime a los presentes a expresar cuál es su idea sobre lo que es la iglesia.

• ¿Cuáles son las características que tiene toda iglesia?

• ¿Creen que la iglesia ha sido igual en todos los tiempos y que no ha cambiado?

Enseñanza

1. Muchas personas cometen el error de llamar iglesia al edificio donde se reúnen los cristianos. Pero, lo que el Nuevo Testamento llama iglesia es la reunión de los hijos de Dios. Dondequiera que los cristianos se reúnan allí está la iglesia. En sus primeros siglos la iglesia cristiana no tuvo edificios para reunirse. Esos primeros siglos fueron difíciles ya que los cristianos eran perseguidos. Además los cristianos no tenían la costumbre de tener edificios para reunirse. Ellos se reunían en las casas. El tener edificios para el culto cristiano fue posible hasta después del año 300 de nuestra era. Entonces la iglesia comenzó a alejarse del modelo del Nuevo Testamento.

---

2. Los primeros cristianos fueron todos judíos. Ellos tenían la costumbre de reunirse en las casas para leer las escrituras y comentarlas. Cuando la iglesia nació, los primeros cristianos la veían como una continuación del judaísmo. Por ello, continuaron con su costumbre de reunirse en las casas.

Lean Filemón 1-2. ¿Qué se puede aprender de la iglesia en este pasaje?

Siguiendo el modelo del Nuevo Testamento, nuestra iglesia también se reúne en las casas. A pesar que hoy no todas las iglesias acostumbran a reunirse en las casas, nos esforzamos por seguir el ejemplo de los primeros cristianos.

---

3. Al pensar en una iglesia que no tenía edificios donde reunirse pronto se piensa en cómo hacían ellos para dar a conocer las buenas nuevas del evangelio. La respuesta es que, además de reunirse en las casas, ellos también se reunían en lugares públicos para anunciar el evangelio. En el caso de la ciudad de Jerusalén se reunían en la parte de afuera del templo judío. En ese lugar había patios grandes donde había muchas personas. En esos mismos patios había enseñado el Señor Jesús y sus discípulos siguieron su ejemplo.

> *Lean Hechos 20:20. ¿En qué lugares acostumbraba enseñar Pablo?*

En cualquier país donde el evangelio llegaba los cristianos se reunían en lugares públicos y en las casas. Así lo continuaron haciendo por casi 300 años más. La iglesia del Nuevo Testamento avanzó rápidamente, precisamente, porque no se quedó encerrada en un edificio.

Aplicación

- Pregunte a los presentes cuál debe ser, entonces, el modelo que la iglesia debe seguir.
- Anímeles a ser parte del trabajo en casas que hace la iglesia.

Bases Bíblicas e históricas del modelo celular

Introducción

• ¿Cuáles son las principales ventajas que le ven a las reuniones pequeñas en las casas que hace la iglesia?

• ¿Por qué otras iglesias no tienen este tipo de reuniones en las casas?

Enseñanza

1. La iglesia del Nuevo Testamento tenía dos tipos de reuniones: las reuniones pequeñas en las casas y las reuniones grandes en lugares públicos. En el caso de la ciudad de Jerusalén las reuniones grandes las hacían en el patio de afuera del templo judío.

> *Lean Hechos 2:46. Comenten sobre los dos lugares donde se reunía la iglesia.*

Para la iglesia los dos tipos de reuniones eran muy importantes. De igual manera, en el presente, varias iglesias se esfuerzan por tener los dos tipos de reuniones. Se lucha por darle a las dos reuniones la misma importancia. Por eso es que se dice que los dos tipos de reuniones son las alas de la iglesia. Igual que el ave necesita dos alas para volar, la iglesia necesita los dos tipos de reuniones para alzar el vuelo.

---

2. Hoy en día se utilizan nombres prácticos para referirse a estos tipos de reuniones. A las reuniones en casas se les llama 'células' y a las reuniones grandes se les llama 'celebración'. Por esa razón es que a las iglesias que le dan igual importancia a los dos tipos de reuniones se les llama 'iglesias celulares'.

Nuestra iglesia tiene dos tipos de células: las células de adultos y las células infantiles. También tenemos nuestras celebraciones en el edificio donde todos nos reunimos para los cultos. Para todo cristiano es muy importante participar de los dos tipos de reuniones. Hay que recordar que esa era la práctica normal de los primeros cristianos.

> *Asegúrese que los presentes han comprendio y pueden manejar los términos 'célula', 'celebración' e 'iglesias celulares'.*
>
> *Lean los siguientes pasajes que hablan sobre las reuniones en las casas: Hechos 12:12, Romanos 16:3-5, Colosenses 4:15, Filemón 2.*

3. Cuando finalizó la persecusión de los romanos contra los cristianos, alrededor del año 312 de nuestra era, la iglesia comenzó a descuidar las reuniones en las casas. Al pasar a otras culturas que ya no era la judía los cristianos comenzaron a dar mayor fuerza a las celebraciones. Construyeron edificios cada vez más grandes y lujosos olvidando las reuniones en las casas y perdiendo su efectividad.

La iglesia no volvió a recuperar el énfasis que el Nuevo Testamento le da a las reuniones en las casas hasta que en 1964 el Pastor coreano David Yonggi Cho retomó e impulsó el modelo celular. La iglesia del Pastor Cho es la iglesia documentada más numerosa del mundo. En la actualidad su iglesia cuenta con alrededor de 25,000 células y más de 750,000 miembros. Además de otras 21 iglesias satélites que acomodan a los nuevos miembros.

Aplicación

• Anime a los presentes a sumarse al esfuerzo de volver al modelo de la iglesia del Nuevo Testamento involucrándose en el trabajo celular.

• Finalice con una oración de compromiso.

¿Qué es una célula y cómo se multiplica?

Introducción

• Anime a los presentes a compartir de qué manera se encuentran involucrados con una célula.

• Pídales que expresen las ventajas que han descubierto en ser parte de una célula.

Enseñanza

1. Una célula es un grupo de 4 a 15 personas que se reúnen semanalmente fuera del edificio de la iglesia con el propósito de evangelizar, confraternizar y edificarse, y que están comprometidos en las funciones de la iglesia local.

> *Tómese suficiente tiempo para que los presentes comprendan todos los detalles de la definición anterior.*

Las tres cosas que no deben faltar en ninguna célula son: evangelización, confraternización y edificación. Estos tres elementos deben estar equilibrados. Ninguno es más importante que los otros. Los tres elementos tienen igual importancia. Siempre se debe procurar que las personas que asisten a una célula lo hagan con el propósito de evangelizar a otros, confraternizar con otros y crecer en el conocimiento de la Palabra.

---

2. Toda célula saludable, es decir, que equilibra los tres componentes mencionados, siempre crecerá y se multiplicará. La multiplicación es la meta de toda célula.

Las células se multiplican cuando sus miembros aumentan. Los tres componentes de la célula solamente se alcanzarán cuando la misma se mantiene pequeña. Una célula que tiene más de 15 personas ha comenzado a perder su propósito y, por ello, debe multiplicarse.

El proceso de multiplicación comienza con la invitación de personas no creyentes. Luego se les debe evangelizar hasta lograr su conversión. Después de su conversión se les debe visitar para establecer relaciones de confraternidad, luego se les debe animar a que se congreguen e inicien la ruta del líder. Entonces serán alentados, bautizados en agua y serán capacitados para llegar a convertirse en nuevos líderes.

> *Compartan sobre el camino que conduce a una célula a la multiplicación.*

3. La multiplicación de una célula ocurre cuando la cantidad de asistentes a ella alcanza de manera sostenida su máximo de asistencia. Entonces la misma se multiplica para generar una nueva célula. Esto es lo que se llama la multiplicación madre-hija. En donde la madre es la célula original y la hija es la nueva célula que se forma con parte de los asistentes a la anterior célula. Casi siempre el nuevo líder también ha salido de la célula madre.

En otras ocasiones puede suceder que en un lugar se dan las condiciones para abrir una nueva célula sin que exista una célula madre de la que se haya desprendido. Esto se llama plantar una célula. Esto tiene como propósito establecer un punto de avanzada en un barrio o sector de una ciudad.

Aplicación

• Pida a los presentes que compartan si han sido parte de una célula que se haya multiplicado.

• Conversen sobre la importancia de la oración en todo este proceso de multiplicación.

Evangelismo y células

Introducción

• Discutan sobre ¿Cuál es la manera más eficiente de evangelizar a las personas?

• Pida a dos de los presentes que cuenten alguna experiencia que han tenido compartiendo el evangelio.

Enseñanza

1. El deseo de todo cristiano es el compartir el evangelio con otras personas. Las células han demostrado ser una de las maneras más eficientes de evangelismo. Para llevar a otras personas a Cristo comience por aquellos que usted conoce o son sus parientes. Es mucho más fácil que gane a un conocido que a un desconocido. La mayor parte de personas que son ganadas para el evangelio son alcanzadas por los cristianos comunes y no por grandes predicadores. No se necesita ser un experto en la Biblia para llevar a otros a Cristo.

---

2. Mientras más una persona escucha el evangelio más posbilidades hay que se convierta en un creyente. Por eso, no se debe desmayar en invitar una y otra vez a las personas a las células y a las celebraciones. Las personas son movidas más por la obras que por las palabras de los cristianos. Por ello es importante anunciar el evangelio no solamente con palabras sino con obras de amor.

Se sabe que mientras más cristianos una persona conoce mayores posibilidades hay que se convierta al evangelio. Las células son el lugar ideal para que las personas conozcan a otros cristianos en un ambiente de intimidad y cercanía.

Las conversiones demandan tiempo. Hay que sembrar el evangelio con palabras y hechos y saber esperar el momento de la conversión.

Pida a los presentes que cuenten cuánto tiempo les tomó a ellos el ir desde su primer contacto con el evangelio hasta su conversión.

3. El evangelismo debe ser un estilo de vida de todos los cristianos. Dado que nuestra vida es el mensaje más poderoso que tenemos, todo el tiempo debemos vivir de acuerdo a los valores del evangelio y aprovechar toda oportunidad para hablar de Cristo.

Aunque una persona puede alcanzar a muchas personas para Cristo, por lo general, la evangelización es un esfuerzo colectivo que demanda tiempo. La célula es un núcleo importante donde los cristianos se asocian en la gran empresa de llevar el evangelio a sus conocidos y familiares.

Aplicación

• Anime a los presentes a compartir cómo se organizan en su célula para la evangelización.

Cinco pasos para hacer un invitado

Introducción

• Haga un repaso de los principios de evangelismo de la semana anterior. Hágalo usando preguntas para sus oyentes a fin de lograr la participación de todos.

• Para lograr mejores resultados al invitar personas a las células se deben aplicar los principios de evangelismo mencionados. Esta aplicación se resume en los siguientes cinco pasos.

Enseñanza

1. Todos tenemos un círculo de personas sobre las cuales tenemos algún tipo de influencia. Podemos descubrir ese círculo elaborando una lista de las personas a quienes conocemos. Esa lista debe estar formada, en primer lugar, por nuestros familiares y amigos. Un principio de evangelismo nos dice que es mucho más fácil alcanzar con el evangelio a las personas que conocemos que aquellas con quienes no tenemos ninguna relación. Una vez elaborada su lista usted tendrá definido su círculo de influencia.

---

2. En su lista seleccione a dos personas que usted considera que muestran mayor apertura e interés hacia el evangelio. Dado que la oración es clave para tener éxito al llevar personas a Cristo, comience a orar todos los días por la conversión de esas dos personas. Aunque parezca una tarea sencilla es la más importante de este proceso.

---

3. Al mismo tiempo que sigue orando constantemente por esas dos personas usted debe comenzar a estrechar su amistad con ellas. Dado que son personas a quienes usted ya conoce no le resultará difícil acercarse aún más a ellas. Sírvales en todo lo que pueda y demuéstreles amor e interés en sus problemas. Presénteles a otros hermanos. Recuerde que otro principio de evangelismo nos dice que una persona tiene mayores posibilidades de llegar a ser un cristiano mientras más creyentes conozca.

---

4. Esté siempre a la búsqueda de alguna manera de mostrarles algún detalle amable. Podría ser: visitarles cuando están enfermos, darles un pequeño regalo, recordarse de su cumpleaños. Otro principio de evangelismo nos dice que las personas creen más en el evangelio por nuestras acciones que por nuestras palabras.

---

5. Como parte de su interés por ayudarlos a resolver sus problemas invítelos a la célula. No se canse de llevarlos como invitados. Las personas se convierten más fácilmente cuando han tenido la oportunidad de escuchar el evangelio muchas veces.

Aplicación

• Repase con los presentes estos cinco pasos para hacer un invitado a fin de asegurar su aprendizaje.

Cualidades de líderes y anfitriones

Introducción

• Pregunte a los presentes cuál es su mayor deseo dentro de la obra de Dios.

• Comente sobre cómo pueden dar pasos para hacer esos deseos realidad.

Enseñanza

1. A las personas que están al frente de una célula se les llama líderes. En realidad, todo cristiano debería aspirar a convertirse en un líder de manera permanente. Un líder es un cristiano que comparte el evangelio con un grupo de amigos invitados. Desde ese punto de vista cosas tales como la edad, el nivel de educación, la personalidad o incluso los dones espirituales que cada quien tiene no deberían ser obstáculos para convertirse en líder.

Toda persona que ha tenido un encuentro verdadero con el Hijo de Dios se encuentra en la capacidad de compartir su experiencia con otros. En ese sentido es que se dice que todo cristiano debería ser un líder de célula.

---

2. No obstante, se puede pensar que hay algunos cristianos que están mejor preparados que otros para ser líderes. Eso es verdad pero únicamente en aspectos muy fundamentales. Se espera que un líder reúna las siguientes cualidades:

• Nacido de nuevo. Hechos 26:16-18.

• Bautizado en agua. Mateo 28:19.

• Bautizado en el Espíritu Santo. Hechos 18.

• Buen testimonio. Hechos 6:3.

• Edad responsable. 1 Corintios 13:11.

• Miembro de la iglesia por un mínimo de seis meses. 1 Timoteo 4:12.

• Comprometido con la iglesia. Romanos 12:11; Hebreos 10:25.

• Seguir la ruta del líder. Efesios 4:11.

---

3. Los anfitriones son las personas que abren las puertas de sus casas para que en ellas se realicen las reuniones de planificación y de célula. Los anfitriones son personas muy importantes dentro del trabajo celular. No se podría tener reuniones en las casas si no hubiese casas disponibles. Gracias a Dios por los anfitriones que ponen sus hogares al servicio del evangelio.

Los anfitriones también tienen cualidades que deben cubrir. Esas cualidades son:

• Nacido de nuevo.

• De buen testimonio.

• Miembro de la iglesia.

• Hospedador.

• Comprometido con la iglesia y sus actividades.

Estas cualidades se aplican a los anfitriones de células permanentes. En el caso de que una célula sea rotativa no existen requisitos, pueden incluso ser personas no creyentes; pero, es importante asegurarse que tal célula sea realmente rotativa y que no esté más de dos o tres semanas en un mismo hogar.

Tanto hombres como mujeres pueden ser líderes y anfitriones. También es posible que una misma persona sea líder y anfitrión al mismo tiempo.

Aplicación

• Conversen sobre cómo se puede lograr la meta que cada miembro sea un líder y cada casa una célula.

• Finalicen con una oración para que cada uno se ponga al servicio de la causa de Cristo.

Reuniones de planificación y de célula

Introducción

• Propicie un diálogo con los presentes tratando de reconstruir entre todos el programa que se desarrolla dentro de las células.

Enseñanza

1. Para que el sistema de células funcione óptimamente se necesitan dos tipos de reuniones. La primera de ellas es la reunión de planificación. Ésta tiene como propósito evaluar la reunión celular anterior, planear la siguiente, asignar responsabilidades y animar a los miembros de la célula a llevar sus invitados.

La reunión de planificación es fundamentalmente para los miembros cristianos de la célula. Debe realizarse con algunos días de anticipación a la reunión celular a fin que los miembros cuenten con el tiempo suficiente para implementar las recomendaciones recibidas.

La reunión de planificación solamente debe durar una hora y el programa a desarrollar es el siguiente:

1. Oración inicial.

2. Lectura del Proverbio del día sin comentarios.

3. Compartir las instrucciones para la semana que el líder recibió de su Pastor en la reunión de supervisión.

4. Revisar los resultados de la semana anterior.

5. Planificación de la siguiente reunión de célula.

6. Atender las necesidades de los miembros.

7. Asignación de privilegios para la próxima reunión de célula.

8. Anuncios.

9. Oración final convenida.

> *Concédales tiempo adecuado para que puedan tomar nota*
> *del programa.*

2. El segundo tipo de reunión es la célula propiamente dicha. Ésta también tiene una hora de duración. La reunión de célula debe estar envuelta en un ambiente de confianza y no se debe trasladar los cultos de la iglesia a las casas. El evangelio es presentado a los no creyentes de manera práctica, mostrándoles cómo los cristianos viven.

En lo posible hay que evitar poner las sillas una detrás de otra conservando el orden natural del mobiliario en el hogar. Se debe evitar utilizar una mesa y mucho más un púlpito que lo separe físicamente de los invitados.

El programa a desarrollar en una reunión de célula es el siguiente:

1. Bienvenida. Generalmente la hace el anfitrión.

2. Oración inicial. La dirige el líder permitiendo a los invitados que escuchen cómo oran los cristianos.

3. Cantar dos o tres alabanzas. Dirige el líder o un delegado.

4. Dar la enseñanza de la guía. Lo hace el líder.

5. Llamado para recibir a Cristo y oración por las personas que se convierten. Lo hace el líder.

6. Motivación de la ofrenda. Lo hace el líder.

7. Anuncios. El líder o un delegado.

8. Oración final convenida.

Después de los puntos anteriores continúa el refrigerio. No hay un tiempo establecido para el refrigerio. Un buen líder es aquel que posee la habilidad de mantener a los amigos en la casa un tiempo adecuado como para mostrarles con su vida lo que es el cristianismo.

Aplicación

• Otorgue tiempo suficiente para que los presentes tomen nota del programa de célula.

• Lleve un ejemplar de la guía de estudios para que los presentes se relacionen con ella. Lo ideal sería llevar un ejemplar para cada uno para que todos la puedan ver.

Las metas en el modelo celular

Introducción

• Conversen sober la importancia de tener metas en la vida.

___

• ¿Cómo definirían una meta?

Enseñanza

1. Una meta es un objetivo específico que se pretende alcanzar en un tiempo específico.

Los elementos de una meta son:

• Un objetivo específico. Claridad sobre lo que se pretende. Que cada líder sepa a dónde va, cuál es el camino a seguir.

• Un tiempo específico. Un objetivo específico sin un tiempo para ser alcanzado no constituye ninguna meta. Es necesario establecer el tiempo cuando se pretende alcanzar el objetivo.

Una encuesta entre iglesias celulares demostró que es mucho más probable que los líderes que poseen una fecha establecida para multiplicar sus células lo logren, que los que no poseen una meta fija.

Asegúrese que los presentes han comprendido la definición de meta preguntándoles cuáles son sus componentes.

2. Una vez establecida la meta el líder debe comenzar a distribuir esa meta entre el tiempo con que cuenta y los miembros de su célula. Debe asignar responsabilidades específicas para cada persona y el tiempo para alcanzarlas. Debe también revisar periódicamente que los miembros de su célula verdaderamente estén trabajando en su asignación.

Una encuesta muestra que los líderes que semanalmente animan a sus miembros a traer nuevos invitados a la célula duplican la capacidad de multiplicación de la misma; en contraste con los líderes que mencionan el tema sólo de vez en cuando o nunca.

---

3. El tema de las metas está muy ligado al de la oración. El establecer una meta sin llevarla en oración es olvidar que al fin y al cabo se trata de la obra de Dios y no de un proyecto humano. Seguramente que Dios desea la multiplicación de las células, pero desea que nos preparemos para ello por medio de la oración.

Por eso, se debe tener total conciencia que las metas solamente serán alcanzadas cuando sean parte de nuestras oraciones. No debemos cambiar la acción por la oración ni la acción por la oración. Ambas son necesarias. Se debe llevar ambos esfuerzos al mismo tiempo.

Aplicación

• Recuerde a los presentes cuál es la meta que se persigue a nivel de la zona y de la iglesia.

• Finalicen orando por las metas del trimestre.

Preparándose para una reunión exitosa

Introducción

• Genere una discusión sobre los factores que hacen que una reunión de célula resulte en bendición para todos.

• ¿Cuáles son las cosas que un líder puede hacer para que la reunión de su célula sea una bendición?

Enseñanza

1. El primer factor de éxito de una reunión es la oración. Existe una clara relación entre el tiempo que se toma con Dios y el éxito en multiplicar su célula. Orar es el trabajo más importante del líder para unir y fortalecer su célula en preparación para la multiplicación. Los líderes amplían su efectividad al orar diariamente por los miembros de su célula. Al orar se abrirá la puerta para que las conversiones puedan producirse.

2. Un segundo factor de éxito es que el líder se tome un tiempo para preparar su corazón ante Dios pidiéndole que le dé la llenura del Espíritu Santo. El trabajo de preparación para la célula debe cesar para el líder al menos media hora antes que la misma comience. El líder debe buscar la soledad y la oportunidad de estar en silencio en comunión con Dios. Existen muchas cosas que Dios desea decirle antes que inicie su reunión.

3. Otro factor de éxito es la preparación adecuada de la enseñanza. El líder debe estudiar la enseñanza que se le ofrece en la Guía semanal con suficiente anticipación. Si el estudio de la lección se deja siempre para última hora el líder no habrá asimilado adecuadamente las verdades de salvación que deben transmitirse.

4. El saber escuchar es otro factor de éxito. Para que los amigos se sientan con deseos de volver a una célula es importante que se sientan bien tratados. Eso incluye el ser escuchados. Las personas buscan quien les escuche. El líder no solamente debe fingir que escucha sino que debe escuchar en verdad. Los líderes celulares escuchan para mejorar la calidad de su célula al resolver los dilemas y orientar a sus miembros.

---

5. También hay que trabajar fuera de la célula. El líder lo es en todo tiempo. Él no solamente atiende a las personas dentro de la célula sino que lo hace siempre que es necesario. Las personas en su vecindario afrontarán diversas necesidades y la "hora de servicio" del líder no es solamente aquella de la reunión sino una disposición de todo el tiempo de servir al prójimo. En realidad, ésta debe ser la disposición de todo cristiano.

---

6. Para tener una reunión de éxito es importante crecer en todo tiempo. El líder debe asistir puntualmente a las reuniones de supervisión para ser afinado en el trabajo de llevar las buenas nuevas. No debe olvidarse que el trabajo de capacitación no termina con la ruta del líder. La capacitación continúa por toda la vida.

Aplicación

- Promueva una plática sobre los puntos mencionados a fin de asegurar su asimilación.

- Finalice con una oración pidiendo a Dios el adquirir estos elementos como hábitos de vida.

Conservando los frutos de la célula

Introducción

• Pregunte a los presentes si han conocido personas que comenzaron a seguir a Jesús pero luego ya no continuaron.

• Inicie una plática de por qué la juventud busca las pandillas y por qué es un problema difícil de resolver.

Enseñanza

1. Un conocido evangelista dijo: "Cuesta diez por ciento de esfuerzo ganar a una persona para Cristo, pero cuesta noventa por ciento hacer que permanezca en la fe". Una iglesia que aplique los principios del sistema celular pronto comenzará a ver resultados. Los nuevos conversos vendrán y entonces es cuando el verdadero trabajo comenzará. Para cerrar la puerta del fondo es necesario tomar medidas de atención y cuidado para esos nuevos conversos.

Las primeras semanas después de la conversión son críticas en la vida de una persona. Por ello, es necesario entrenar a los miembros de la célula no sólo para alcanzar a los perdidos sino también para cuidarlos.

---

2. Un elemento muy importante en la vida cristiana es la comunión entre los hijos de Dios. Cuando una persona llega al evangelio necesitará muy pronto encontrar personas que serán sus nuevos amigos. Tendrá necesidad de establecer relaciones con personas que creen y piensan igual que él.

Actualmente vivimos en un mundo donde las personas se hunden cada vez más en el anonimato. El comercio reduce las personas a números de consumidores. Las personas sienten un vacío muy grande y por eso buscan la manera de llenarlo con alternativas tales como las pandillas. Por ello es que la iglesia juega un papel muy importante al ofrecer a las personas un lugar adecuado para encontrar su identidad y su sentido de pertenencia.

> *Conversen por qué el sentir que se pertenece a alguien o algo da un sentido de seguridad al ser humano*

3. **Para lograr que los nuevos cristianos** continúen firmes en la fe es necesario tenderles nuevas relaciones. Estas relaciones comienzan con cuatro visitas a sus domicilios, una por semana. El propósito de estas visitas es el establecer nuevos lazos de amistad. También se les anima para que sigan la ruta del líder a partir de su primera semana de conversión.

Es el líder quien debe impulsar a los miembros de su célula a realizar dichas visitas y debe llevar un control de la manera en que están siendo realizadas y de sus resultados. Las visitas deben ser hechas en un tono cordial, de fortalecimiento, de verdadero interés por el nuevo converso. Dado que la mayor parte de personas que son ganadas para Cristo en una célula han sido invitadas por un miembro de la misma célula, es conveniente que las visitas las haga la persona que comenzó invitando a dicha persona.

Aplicación

El cuidar de un nuevo cristiano es un trabajo que demanda disposición, amor por el prójimo, abnegación y lealtad. El mentor debe estar al tanto del desarrollo espiritual del nuevo cristiano. Debe orientarlo, alentarlo y animarlo a participar activamente de la obra de Dios. En caso de enfermedad u otra clase de dificultades, el mentor debe ser el primero en salir en busca de su oveja.

Al cuidar de los aspectos espirituales, físicos y materiales de los miembros de la célula será posible desarrollar en cada persona un sentido de pertenencia a la iglesia por numerosa que ésta sea.

• Establezca maneras prácticas para que estas visitas se hagan.

• Oren para que Dios bendiga estos planes de visitación.

La movilización celular

Introducción

• Conversen sobre la importancia que tiene el asistir a la celebración.

• Conversen sobre el tema del equilibrio que debe existir entre las reuniones de célula y de celebración.

Enseñanza

1. En casi todas las iglesias celulares es mayor la cantidad de personas que asisten a las células que las que asisten a las celebraciones. Normalmente, hay un alto porcentaje de personas que se conforman con la reunión de célula. Cuando la iglesia realiza grandes eventos el número de personas que asisten llega a ser casi el 100% de la asistencia a las células. ¿Qué es lo que ha hecho la diferencia? Dos cosas: un incremento en el número de unidades de transporte y una motivación constante. La lección es que si se mantienen lo más alto posible esos dos factores incrementará la asistencia a la celebración.

> *Cuente a los presentes sobre su experiencia al movilizar personas hacia los grandes eventos de la iglesia.*

2. Facilitar el transporte al lugar de la celebración es uno de los factores que ayuda a movilizar a las personas. La facilitación del transporte debe promoverse por todos los medios que resulte práctico y conveniente.

Cualquiera sea el medio que se utilice para el transporte resultará en algún tipo de inversión económica. Dicha inversión debe ser el interés de todas las personas involucradas en las células y no solamente del líder. No obstante, el líder es el responsable de implementar y motivar la participación de todos. Por ninguna razón debe el líder asumir personalmente los costos del transporte. Debe ser una responsabilidad de todos.

---

3. El otro aspecto para una movilización alta de las personas es la motivación constante. Para que exista motivación adecuada son importantes los siguientes aspectos:

• Información suficiente. Los miembros de la célula deben ser informados de manera abierta y documentada sobre los costos del transporte, el nivel actual de aportaciones, las proyecciones para el futuro. Esta información debe ser presentada de manera cordial y sin presiones; pero, con toda verdad, fidelidad y sinceridad.

• Claridad del plan a seguir. Las personas deben tener muy en claro lo que se espera de cada uno de ellos. Dar a conocer el plan no significa que las personas estén obligadas a participar; pero, sí significa que se les abren las puertas para su aportación. Es mejor que las personas participen porque se les atrae a colaborar que porque se les empuja a colaborar.

• Hacer ver las ventajas. Se debe informar cada semana sobre los niveles de recaudación, si son suficientes o no. Todo ello desde la perspectiva de las ventajas que representan los esfuerzos de transporte. Es posible que aparte de la ventaja de facilitar la asistencia de los amigos invitados resulte que en términos de costo resulte para una persona más barato o igual que utilizar el transporte público.

Aplicación

• Haga un ejercicio de calculo de costos por persona para los miembros de una célula de su zona. Compárelos con los costos del transporte público por persona desde el mismo punto. Haga ver la ventaja de los horarios y ubicación del transporte.

• Hagan una oración convenida para que Dios cree en TODOS la conciencia y la motivación para colaborar.

Organización y supervisión

Introducción

• ¿Considera que una iglesia de las dimensiones de la nuestra necesita alguna forma de organización?

• ¿Qué funciones tiene un supervisor en una empresa o fábrica?

> # Enseñanza

1. **A mayor crecimiento de la iglesia** mayor es el riesgo de que se produzcan olvidos, errores u omisiones. Tal situación solamente puede ser remediada por medio de una adecuada supervisión. La supervisión debe producirse en todos los niveles del trabajo celular. De esa manera, se asegura que cada quien esté desarrollando bien su función. La supervisión implica que también debe existir una estructura de organización. En una iglesia pequeña esta estructura puede ser pequeña, no se necesita de un aparato grande. Pero, en una iglesia numerosa la estructura puede ser más compleja y puede necesitar dentro de ella a miles de personas. La estructura de trabajo en una iglesia no es una estructura de poder o de privilegios, es una estructura para el servicio.

---

2. **La estructura del trabajo celular** comienza con el líder, quien es la persona clave del modelo celular. Debe brindar atención personalizada a los miembros de su célula enfocándose en la formación de nuevos líderes. Preside las reuniones de planificación y de célula apegándose al programa de cada una. Mantiene el balance entre su compromiso con la CÉLULA y con la CELEBRACIÓN motivando a los miembros de su célula a asistir al local de la iglesia. Para que un líder sea eficiente

en su trabajo nunca debe tener bajo su responsabilidad más de una célula.

3. **El supervisor es la persona** que tiene bajo su responsabilidad de dos a cinco líderes. El supervisor debe ser diligente en visitar las células de su sector para asegurarse que se encuentran en buen estado de trabajo. También vela por el estado espiritual, físico y material de sus líderes. El supervisor es responsable de elaborar un reporte semanal del sector para presentarlo a los líderes bajo su responsabilidad.

4. **El Pastor de Zona es la persona** encargada de cuidar de los sectores que forman su zona con sus respectivos supervisores, líderes, anfitriones y miembros. Vela tanto por los aspectos pastorales como por el crecimiento y la multiplicación. Prepara semanalmente la papelería que utilizarán tanto los supervisores como los líderes de su Zona.

5. **Además, cada célula tiene** una organización interna. Todo líder debe tener un asistente. Ésta es la persona que está más cerca de convertirse en un nuevo líder. En caso de ausencia inesperada del líder el asistente es quien lo suple. También forma parte de la organización interna de la célula el anfitrión. También hay un secretario que toma nota de toda la información que se requiere para el buen funcionamiento de la

célula. Finalmente, hay un tesorero que lleva el control de las ofrendas de la célula. Lleva un control escrito de los ingresos y los egresos.

Aplicación

• Usted puede ampliar el estudio explicando las funciones del pastor de distrito y del pastor principal si lo considera necesario.

• Asegúrese que quede clara la estructura apoyándose en un organigrama que puede dibujar en una pizarra o en un cartel que usará siempre en esta enseñanza.

Cómo obtener nuevos líderes

Introducción

• Propicie una plática sobre qué sucede en un país cuando no hay líderes en el campo de la educación, el deporte o el arte.

• Conversen si un líder nace o se hace.

Enseñanza

1. El sistema celular es en realidad una estrategia de liderazgo. Los líderes son la base. El crecimiento de una iglesia celular es directamente proporcional al número de líderes de que disponga. No se debe cometer el error de enfocarse en el número de células. El enfoque debe ser en el número de líderes. Solamente se pueden multiplicar células después de haber multiplicado líderes. El crecimiento de cualquier iglesia celular es el resultado de la eficiencia de la misma en capacitar a nuevos líderes. Las iglesias exitosas son las que ganan ventaja entrenando a todos los santos para hacer la obra del ministerio. Cada miembro debe ser visto como un líder potencial.

---

2. El líder es fundamental en la generación de nuevos líderes. Para los miembros la célula posibilita alcanzar a otros para Cristo, para el líder la célula posibilita formar nuevos líderes. El líder debe empeñarse en que todo nuevo converso siga la ruta del líder. Al mismo tiempo, debe permitir que cada miembro realice funciones celulares significativas como: oración de bienvenida, dirección de alabanzas y, en casos avanzados, impartir la enseñanza.

> *Converse sobre cuáles son funciones significativas y cuales no.*
> *¿Cómo se debe animar a que un miembro realice con entusiasmo*
> *esas funciones significativas?*

1. La generación de nuevos líderes es tan importante que los pastores invierten una buena parte de su esfuerzo y tiempo en conducir a los nuevos cristianos por la ruta del líder. Pero, no debe pensarse que la capacitación de un nuevo líder termina con la ruta del líder. Al final de ella el nuevo líder comienza a trabajar en su propia célula pero su entrenamiento continúa. Todo líder sigue siendo capacitado todas las semanas en la reunión de supervisión donde puede exteriorizar sus dudas y preguntas.

Dentro de una iglesia celular el paradigma es que la capacitación de un nuevo líder comienza con la conversión de una persona. Luego se inicia la ruta del líder que comienza inmediatamente después de la conversión del nuevo creyente. El llegar a ser un líder se espera como cosa natural de todo creyente.

Aplicación

• Discutan lo que significa el lema: 'Todo cristiano un líder y toda casa una célula'.

• Termine con una oración en donde sus oyentes asuman un compromiso con Dios de convertirse en un nuevo líder en las próximas semanas.

Controles y reportes

E l tema de hoy es de carácter más práctico. Debe llevar varios ejemplares del cuadernillo del líder para distribuirlos entre sus oyentes. También debe llevar copias de los diversos reportes y controles que se utilizan en el trabajo celular.

Distribúyalos entre los presentes y vaya explicando uno a uno:

- *Dónde y de parte de quién se recibe.*
- *Quién lo llena.*
- *Cómo se debe llenar.*
- *Dónde y cuándo se debe entregar.*

Haga preguntas para asegurarse que han comprendido el uso correcto de la papelería.

Con este tema finaliza la ruta del líder. Sus oyentes tienen ahora seis meses desde el momento de su conversión y han sido capacitados como líderes. Puede preparar una evaluación escrita para conocer los niveles de asimilación de sus oyentes.

Aquellas personas que aprueben dicha evaluación y que, además, hayan sido bautizados en agua y en el Espíritu Santo durante el proceso están listas para asumir como nuevos líderes de células.

¡Que Dios bendiga su esfuerzo con una cosecha grande de nuevos líderes!

'Cada uno recibirá su recompensa conforme a su labor.'
1 Corintios 3:8